특허

영어학습의 유쾌한 반란!
놀이에 학습을 접목하여
재미로 뇌를 깨워 학습효과 극대화!

특허받은

길맥 파닉스 1
Phonics

손길연 저

- 학원, 학교 방과후 수업에 딱 좋은 맞춤형 파닉스 교재
- 온라인학습 시스템으로 수업을 재미있고 효율적으로 진행 (www.giledu.kr)

(주)길에듀월드

머리글

영어 음운체계의 원리습득은 광범위한 영어 학습에 주춧돌을 놓는 것이다!

1. 영어를 잘 하려면 왜 파닉스를 꼭 배워야 할까?

첫 번째 이유는 우리가 다른 사람과 의사소통을 할 때, 자신의 뇌에 저장되어 있는 특정한 말소리에 대한 언어지식 체계 안에서 그 소리를 언어로 인식하기 때문에 소리를 전달하는 음운체계를 반드시 알고 있어야 합니다. 우리가 모국어를 발화하는 것은 글자를 보고 뇌에 저장되어 있는 연쇄된 소리를 자연스럽게 불러와서 발음하는 것입니다. 이런 점에서 학습자가 영어를 모국어처럼 배울 수 있는 열린 환경에서라면 알파벳을 익히는 데 각 알파벳의 발음기호를 한글로 떠올리면서 학습할 필요는 없을 것입니다. 하지만 한국인으로서 외국어인 영어를 원어민처럼 발음하려면 뇌의 시냅스를 활성화시켜야만 가능하다고 합니다. 왜냐하면 우리가 말을 한다는 것은 그때그때 즉흥적으로 그 단어를 발음하는 것이 아니라 뇌 속에는 이미 그 단어에 대한 발음기호와 억양 같은 저장된 언어적 요소를 기반하여 반사적으로 발음하기 때문입니다. 한국인이 영어를 이렇게 발음하려면 수많은 반복훈련을 통해 뇌에 그 단어가 저장되어 있어야 합니다. 언어는 스포츠처럼 기능성이 강해서 꾸준히 피드백 훈련으로 보강하고 숙달시키면 우리의 언어두뇌가 반사적 반응을 잘 할 수 있기 때문에 영어를 잘 하려면 우선 음운체계의 핵심 원리를 익히는 것은 아주 중요합니다.

두 번째 이유는 국어는 음절언어로 철자와 소리가 일치하지만 영어는 강세언어로 철자와 소리가 분리되어 있어서 영어를 배우는 초반에 단어가 가진 소리의 원리를 반드시 익혀야 합니다. 영어는 우리에게 외국어로 일상생활에서 늘 듣고 사용하는 언어가 아니기 때문에 영어를 무조건 암기하고 발음하는 것이 아니라 국어와 영어의 음운체계와 음성체계의 공통점과 차이점을 기반으로 그 언어가 갖고 있는 언어체계의 기본적인 원리와 개념을 이해하여 영어 소리체계의 구성을 체득해야 합니다. 학습초기에는 음운체계를 습득하는 것이 다소 번거롭고 지체된다는 느낌을 갖게 하지만, 오히려 이 과정을 제대로 끝내고 나면 보다 수월하게 영어 단어와 문장을 읽고 듣고 말하고 쓸 수 있게 되어서 전반적인 영어 실력향상에 가속도가 붙고, 결국 영어로 원활하게 의사소통을 할 수 있게 하는 주춧돌이 될 것입니다. 『특허받은 길맥파닉스』는 이런 모든 요망사항에 부응하여 구성되었습니다.

2. 영어 음가를 배우는 가장 효과적인 방법은 무엇일까?

우리가 영어 음가를 배우는 효과적인 방법은 크게 두 가지가 있습니다. 첫 번째는 일상생활에서 자연스럽게 소리를 체득한 후에 글자와 발음을 익히게 하는 방법입니다. 두 번째는 글자와 발음기호를 학습하여 소리를 터득하는 방법입니다. 학습자에게는 말할 것도 없이 첫 번째

방법이 가장 이상적일 것입니다. 하지만 대다수의 학습자는 영어를 외국어로 배우기 때문에 일상생활에서 영어로 자연스럽게 의사소통을 하는 환경을 접하기란 결코 쉽지 않습니다. 그래서 대개의 학습자는 두 번째 방법을 통해 영어 소리체계의 구성을 익혀서 원어민과 흡사한 영어발음 소리를 터득해야 하는 것입니다.

그런데 우리가 영어 음가를 정확하게 터득하기란 그렇게 녹록하지 않습니다. 왜냐하면 소리는 입안에서 발성되기 때문에 눈으로 확인할 수 없어서 그 소리가 어디서, 어떻게 만들어지는지, 그 소리를 내려면 어떻게 해야 하는지를 학습자에게 직접 보여주면서 가르쳐야하기 때문입니다.

이런 애로점을 해결하기 위해 최선으로 착안한 교수법은 대표적인 영어 음가를 사용빈도가 높은 영어단어에 적용하여 반복적으로 듣고 따라해서 학습자 스스로 발음의 원리를 터득하도록 훈련시키는 것입니다. 『특허받은 길맥파닉스』는 이런 점을 고려하여 모국어가 아닌 외국어로 영어를 배우는 초보학습자들이 쉽고 재미있게 영어 음가를 배울 수 있도록 체계적으로 구성되었습니다.

이 교재는 학습자가 흥미를 갖고 지속적으로 학습하여 좋은 학습성과를 얻을 수 있도록 다양한 학습방법을 활용하여 쉽고 알찬 내용으로 구성되었습니다. 또한 교재는 물론 교구와 온라인 학습프로그램을 통해 영어를 두려움 없이 흥미를 갖고 자연스럽게 접하면서 영어 실력을 쌓을 수 있도록 개발되었습니다.

우리나라 대부분의 학습자가 처한 교육환경과 학습환경을 반추하면 한글을 토대로 그것에 상응하는 영어발음을 배우는 것이 바람직합니다. 이것은 그 어떤 방법보다 영어를 쉽고 빠르게 습득할 수 있게 하는 최선책이라고 생각하지만 이 책에서는 학습자 연령을 참작하여 다루지 못해 미흡합니다, 그러나 이 책을 학습한 후에 『길맥 영어발음비법』을 학습한다면 영어 음운체계의 전반적인 원리를 제대로 터득하여 원어민처럼 발음할 수 있을 것입니다.

아무쪼록 『특허받은 길맥 파닉스』로 학습하는 모두가 영어발음과 영어단어를 쉽고 재미있게 습득하여 영어에 흥미와 자신감을 얻고, 올바른 영어로 의사소통을 할 수 있는 능력을 갖출 수 있는 좋은 계기가 되길 염원합니다.

이 책이 세상에 나오기까지 고단함을 아끼지 않고 도움을 주신 모든 분들께 진심으로 감사드립니다.

2020년 1월

저자 손길연

『특허받은 길맥파닉스』의 구성과 특징

□ 학습자가 외국어로 영어를 배우는 상황을 감안하여 교재 구성.
모국어가 아닌 외국어로 영어를 배우는 초보학습자들이 쉽고 재미있게 영어 음가를 체계적으로 학습할 수 있도록 4권의 책으로 단계적 구성.

□ 학습자가 흥미를 갖고 지속적으로 몰입해서 학습할 수 있도록 다양한 학습놀이에 색상과 도형을 접목시킨 특허받은 색상인지학습법으로 교재뿐만 아니라 교구와 온라인 학습프로그램을 개발.

□ 학교나 학원에서 할당된 수업시간 커리큘럼에 맞추어 학습 진도를 실행할 수 있도록 교재 편성을 체계적으로 구성.

□ 본 교재에 담겨 있는 학습내용을 본사 홈페이지(www.test.puzzlish.net)에서 이용할 수 있고, MP3 파일로 다운로드 가능.

□ 교사가 본 교재를 가지고 효과적이고 편리하게 수업에 활용하여 학습 성과를 높일 수 있도록 교사용 파워포인트 자료 제공.

□ 뇌의 시냅스를 활성화시켜 단어에 대한 발음기호와 억양이 저장되어 반사적으로 반응할 수 있도록 다양한 학습방법을 적용하여 교재 개발.

□ 파닉스 학습은 물론 영어학습 4대 영역(듣기, 말하기, 쓰기, 읽기)을 골고루 학습할 수 있도록 편성.

□ 초등영어 필수단어와 파닉스를 동시에 학습할 수 있도록 알차게 구성.

□ 각 Unit별 학습내용의 진행이 연계학습 방식으로 구성되어 확장학습과 복습이 가능.

□ **부록에 카드 수록** : 다양한 색상, 그림, 도형 등을 활용하여 만든 카드로 친구들과 놀이를 하면서 자연스럽고 재미있게 파닉스를 터득할 수 있고, 뿐만 아니라 이 카드에 기재된 파닉스 내용을 교재 및 온라인학습으로 병행할 수 있어 높은 학습효과를 기대.

영어가 갖고 있는 음운체계의 특징

영어 음운체계의 특징을 이해하면 영어를 쉽게 배울 수 있다!

1. 국어와 영어 발음의 근본적인 차이점 3가지 이해하기

1) 국어의 경우에는 단어를 자음과 모음을 조합하여 소리가 나는 대로 거의 쓸 수가 있지만, 영어의 경우에는 단어의 철자와 발음이 다른 경우가 많기 때문에 각 단어의 발음기호와 조음법을 익혀야만 정확한 발음을 습득할 수 있다.

2) 국어는 뒤에 오는 음절에 따라 발음이 거의 바뀌지 않지만, 영어는 같은 음절이라도 **뒤에 어떤 철자와 결합되느냐에 따라 발음이 달라지는 과정**을 습득하는 것이 필요하다.

국어 단어 예		영어 단어 예		
타	타당	ta	[éi]	table[téibəl], take[teik]
	타인		[ɔ:]	talk[tɔ:k], tall[tɔ:l]
	타월		[æ]	talent[tælənt], tablet[tǽblit]
	타협		[ά:]	target[tά:rgit], tardy[tά:rdi]

3) 국어는 음절어인 반면에 영어는 강세박자 언어이기 때문에 영어 운율과 리듬을 학습하는 것이 필요하다.

2. 영어가 갖고 있는 음운체계의 특징 이해하기

1) 영어는 하나의 알파벳이 여러 개의 음가를 갖고 있는 표음문자이다.

2) 영어는 철자와 소리가 분리된 언어이다.
이런 이유로 영어는 발음뿐만 아니라 철자 쓰기도 어렵다.

3) 국어는 음절언어이지만 영어는 **강세언어**이라서 **억양**이 중요하다.

4) 영어의 기본이 되는 알파벳은 자음+모음으로 구성되어 있다.
국어는 자음과 모음이 규칙성을 가지고 발음되지만 영어의 경우에는 자음과 모음이 결합하면 전혀 다른 음이 만들어지고, 음의 길이가 달라진다.

5) 자음은 바람을 조절하여 나는 소리로 성대의 울림이 없는 소리이다.

6) 모음은 성대울림이 있는 소리로 알파벳 소리를 내는데 중심적인 역할을 한다.
영어모음 [a, e, i, o, u]에 강세가 없는 경우에는 [ə]로 발음하는 '슈와(Schwa)현상[1]'이 일어난다.

▣ 특허받은 길맥파닉스 카드 구성 및 게임방법

● 카드 구성 및 게임인원

*** 카드 총 81장**

-일반 카드 **78**장

-스페셜 카드 **3**장

*** 게임인원** : 2~5명

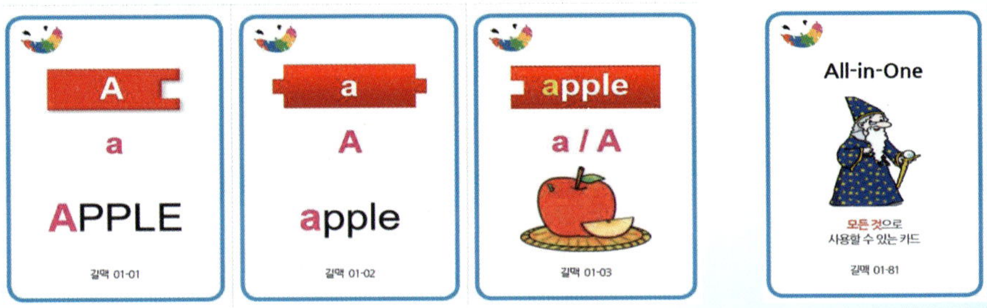

● 게임방법(Matching)

참가자 모두에게 카드를 인원에 따라 **5~7**장씩 분배하고 선부터 게임을 시작하여 시계방향으로 자신의 차례에 바닥에 있는 **카드더미**에서 **1**장을 가져온 후, 본인이 소지한 카드와 비교하여 가장 **불필요한 카드 1장**을 **바닥**에 내용이 보이도록 내려놓으면서 큰소리로 읽는다. 이런 과정을 순차적으로 반복하는 동안 가장 먼저 승리할 수 있는 카드를 모으면 승자가 된다.

● 게임방법 3가지 예시(* 방법 1가지만 또는 2~3가지 방법 동시 적용)

① 해당 알파벳 대문자-소문자-영어단어가 일치하는 카드 **3장**을 먼저 모은 경우.
예 1 : A-a-apple (※위 카드 3장 참조) **예 2** : M-m-milk

② 알파벳 대문자끼리 또는 소문자끼리 **순서대로 3장**을 먼저 모은 경우.
예 1 : B-C-D **예 2** : d-e-f

③ 알파벳 대문자와 소문자 또는 알파벳과 영어단어가 일치하는 카드 **2쌍씩**을 먼저 모은 경우.
예 1 : A-a C-c **예 2** : m-milk w-watch **예 3** : M-milk W-watch V-vase

※ **참고** : 카드숫자와 게임방법은 참가자 인원과 레벨에 따라 임의적으로 조절할 수 있고, 구체적인 내용은 길에듀월드 홈페이지(www.puzzlish. net) 교사용 자료에서 확인가능합니다.

---

1. **Schwa 현상** : 단어를 발음하는 데 있어 **모음에 강세가 없는 경우** 모음을 발음할 때는 입에 힘을 빼고 자연스럽게 살짝 벌어진 상태에서 그 모음을 [ə]('어')로 발음하는 경우.

차　례

Unit 1 Listen and repeat

※ **듣고** 단어의 **첫글자**에 주의하면서 큰 소리로 따라 읽으세요.

Aa

Apple

ant

Bb

Bear

ball

Cc

Cat

cap

Dd

Dog

duck

Ee

Ear

eye

Unit 1 Listen and circle 1

※ 발음을 **듣고** 영어단어에 맞는 알파벳에 **동그라미**를 하세요.

① 

a
b pple
c

② 

a
b ear
d

③ 

a
b at
c

④ 

a
b og
d

⑤ 

a
b ar
e

Unit 1 Listen and circle 1

※ 발음을 **듣고** 영어단어에 맞는 알파벳에 **동그라미**를 하세요.

⑥ 

a
b nt
c

⑦ 

a
b all
d

⑧ 

a
b ap
c

⑨ 

a
b uck
d

⑩ 

a
b ye
e

Unit 1 Listen and match 1

※ 발음을 **듣고** 해당되는 단어와 관련된 그림을 **선으로 연결**하세요.

①

②

③

④

⑤

Unit 1 Listen and match 1

※ 발음을 **듣고** 해당되는 단어와 관련된 그림을 **선으로 연결**하세요.

⑥ ● ● 

⑦ ● ● 

⑧ ● ● 

⑨ ● ● 

⑩ ● ● 

Unit 1 Write words

※ 위에 있는 영어단어를 보고 **3회씩** 따라 써보세요.

① 

APPLE	apple

② 

BEAR	bear

③ 

CAT	cat

④ 

DOG	dog

⑤ 

EAR	ear

Unit 1 Write words

※ 위에 있는 영어단어를 보고 **3회씩** 따라 써보세요.

⑥ 

ANT	ant

⑦ 

BALL	ball

⑧ 

CAP	cap

⑨ 

DUCK	duck

⑩ 

EYE	eye

Unit 1 Listen and match 2

※ 발음을 **듣고** 해당되는 영어단어를 **선으로 연결**하세요.

①	bear
②	apple
③	cat
④	dog
⑤	eye

Unit 1 Listen and match 2

※ 발음을 **듣고** 해당되는 영어단어를 **선으로 연결**하세요.

⑥ •	• ball
⑦ •	• ant
⑧ •	• cap
⑨ •	• ear
⑩ •	• duck

Unit 1 Match words

※ 국어 의미에 맞는 영어단어를 **선으로 연결**하세요.

①	사 과	● ●	bear
②	곰	● ●	apple
③	고양이	● ●	ear
④	개	● ●	cat
⑤	귀	● ●	dog

Unit 1 Match words

※ 국어 의미에 맞는 영어단어를 **선으로 연결**하세요.

⑥	모 자 •	• ball	
⑦	공 •	• cap	
⑧	눈 •	• eye	
⑨	오 리 •	• ant	
⑩	개 미 •	• duck	

Unit 1 Choose pictures

※ 영어단어와 가장 적합한 의미의 **그림**을 찾아서 선택하세요.

① cat

A

B

C

② ear

A

B

C

③ ball

A

B

C

Unit 1 Choose pictures

※ 영어단어와 가장 적합한 의미의 그림을 찾아서 선택하세요.

④ A B C

apple

⑤ A B C

bear

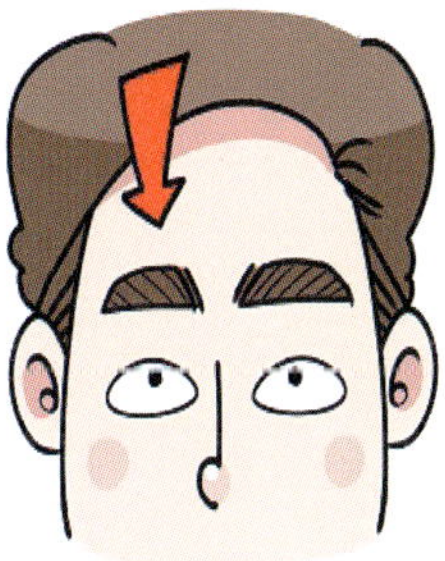

⑥ A B C

dog

Unit 1 Choose pictures

※ 영어단어와 가장 적합한 의미의 **그림**을 찾아서 선택하세요.

⑦

doll

A

B
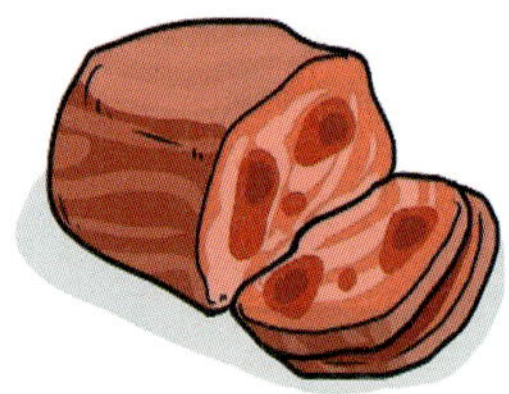

C

⑧

ant

A

B

C

⑨

duck

A

B

C

Unit 1 Listen and circle 2

※ 발음을 **듣고** 빈칸에 들어갈 알파벳에 **동그라미**를 하세요.

①

□nt

a b c

②

□all

a b c

③

□at

c d e

Unit 1 Listen and circle 2

※ 발음을 **듣고** 빈칸에 들어갈 알파벳에 **동그라미**를 하세요.

④

☐up

a　b　c

⑤

☐oll

a　b　d

⑥

☐ive

f　g　e

Unit 1 Listen and circle 2

※ 발음을 **듣고** 빈칸에 들어갈 알파벳에 **동그라미**를 하세요.

⑦

□rum

d	e	f

⑧

□ap

a	b	c

⑨

□aring

c	d	e

Unit 1 Let's learn

※ 질문과 답변을 그림을 보면서 익히세요.

What's this?

It's a toy.

* What is =What's
* It is = It's

Unit 1 Let's learn

※ 질문과 답변을 그림을 보면서 익히세요.

What's this?

It's a bear.

What's this?

It's an ant.

Unit 1 Let's learn

※ 질문과 답변을 그림을 보면서 익히세요.

What's this?

It's a pizza.

What's this?

It's a puzzle.

Unit 2 Listen and repeat

※ 듣고 단어의 첫글자에 주의하면서 큰 소리로 따라 읽으세요

F f

Fox

flowers

G g

Girl

grape

H h

Horse

hand

I i

Ice cream

ice

J j

Juice

jacket

Unit 2 Listen and circle 1

※ 듣고 해당되는 영어단어에 맞는 알파벳에 동그라미를 하세요.

① 

f
g ox
h

② 

f
g irl
j

③ 

f
g orse
h

④ 

g
h ce cream
i

⑤ 

j
h uice
g

Unit 2 Listen and circle 1

※ 듣고 해당되는 영어단어에 맞는 알파벳에 동그라미를 하세요.

⑥ 

f
g lowers
j

⑦ 

f
g rape
h

⑧ 

f
g and
h

⑨ 

i
h ce
j

⑩ 

g
f acket
j

Unit 2 Listen and match 1

※ 발음을 **듣고** 해당되는 단어와 관련된 **그림을 선으로 연결**하세요.

① 

② 

③ 

④ 

⑤ 

Unit 2 Listen and match 1

※ 발음을 **듣고** 해당되는 단어와 관련된 **그림을 선으로 연결**하세요.

⑥ ● ● 

⑦ ● ● 

⑧ ● ● 

⑨ ● ● 

⑩ ● ● 

Unit 2 Write words

※ 위에 있는 영어단어를 보고 **3회씩** 따라 써보세요.

①

FOX	fox

②

GIRL	girl

③

HORSE	horse

④

ICE CREAM	ice cream

⑤

JUICE	juice

Unit 2 Write words

※ 위에 있는 영어단어를 보고 **3회씩** 따라 써보세요.

⑥ 

FLOWERS	flowers

⑦ 

GRAPE	grape

⑧ 

HAND	hand

⑨ 

ICE	ice

⑩ 

JACKET	jacket

Unit 2 Listen and match 2

※ 발음을 **듣고** 해당되는 영어단어를 **선으로 연결**하세요.

①

②

③

④

⑤.

fox

girl

ice cream

horse

jacket

Unit 2 Listen and match 2

※ 발음을 **듣고** 해당되는 영어단어를 **선으로 연결**하세요.

⑥	•	• flowers
⑦	•	• hand
⑧	•	• grape
⑨	•	• ice
⑩	•	• juice

Unit 2 Play the ladder game

※ 사다리를 타고 국어 →그림이미지→영어단어를 차례로 찾아가 보세요.

Unit 2 Play the ladder game

※ 사다리를 타고 국어 →그림이미지→영어단어를 차례로 찾아가 보세요.

Unit 2 Choose pictures

※ 영어단어와 가장 적합한 의미의 **그림**을 찾아서 선택하세요.

① A B C

flowers

A 

B 

C 

② A B C

ice

A 

B 

C 

③ A B C

grape

A 

B 

C 

Unit 2 Choose pictures

※ 영어단어와 가장 적합한 의미의 **그림**을 찾아서 선택하세요.

④ juice

A

B

C

⑤ girl

A

B

C

⑥ hand

A

B

C

Unit 2 Choose pictures

※ 영어단어와 가장 적합한 의미의 그림을 찾아서 선택하세요.

⑦ A B C

fox

⑧ A B C

horse

⑨ A B C

jacket

Unit 2 Write the alphabet 1

※ 발음을 **듣고** 알파벳 대문자와 소문자를 쓰세요.

	대문자	소문자
①	A	a
②		
③		
④		
⑤		

Unit 2 Write the alphabet 1

※ 발음을 **듣고** 알파벳 대문자와 소문자를 쓰세요.

		대문자	소문자
⑥			
⑦			
⑧			
⑨			
⑩			

Unit 2 Write the alphabet 2

※ 빈칸에 들어갈 알파벳을 보기에서 찾아 쓰세요.

①

☐ at

②

☐ irl

③

☐ all

Unit 2 Write the alphabet 2

※ 빈칸에 들어갈 알파벳을 보기에서 찾아 쓰세요.

①

☐ YE

②

☐ NT

③

☐ OG

Unit 2 Let's learn

※ 질문과 답변을 그림을 보면서 익히세요.

What's this?

It's a fox.

Unit 2 Let's learn

What's this?

It's a horse.

What's this?

It's an ice cream.

Unit 2 Let's learn

What's this?

It's a toast.

What's this?

It's a jacket.

Unit 3　Listen and repeat

※ **듣고** 단어의 **첫글자**에 주의하면서 큰 소리로 따라 읽으세요

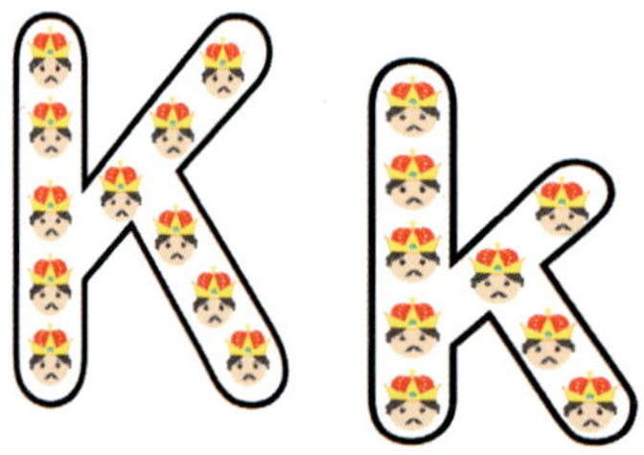

King

key

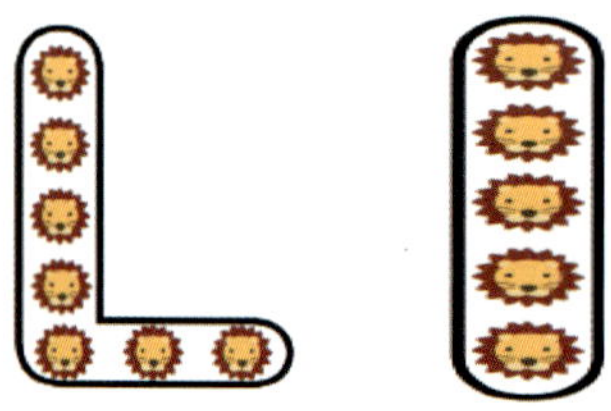

Lion

lemon

Milk

monkey

Nurse

nose

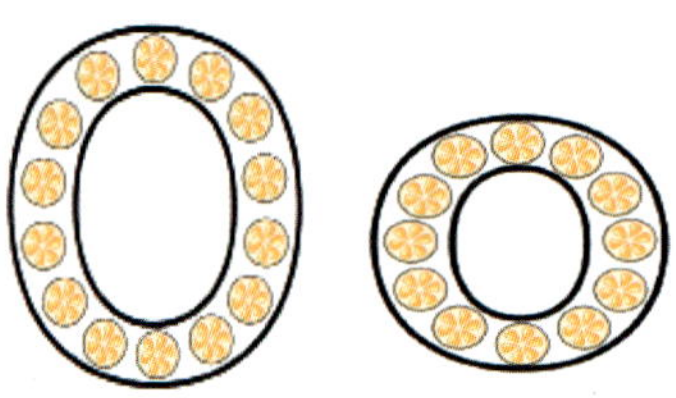

Orange

onion

Unit 3 Listen and circle 1

※ 듣고 해당되는 영어단어에 맞는 알파벳에 동그라미를 하세요.

① 

k
l ing
o

② 

k
l ion
n

③ 

m
n ilk
o

④ 

k
m urse
n

⑤ 

k
l range
o

Unit 3 Listen and circle 1

※ 듣고 해당되는 영어단어에 맞는 알파벳에 동그라미를 하세요.

⑥ 

k
l ey
n

⑦ 

k
l emon
m

⑧ 

k
m onkey
n

⑨ 

k
m ose
n

⑩. 

k
m nion
o

Unit 3 Listen and match 1

※ 발음을 **듣고** 해당되는 단어와 관련된 **그림을 선으로 연결**하세요.

①

②

③

④

⑤

Unit 3 Listen and match 1

※ 발음을 **듣고** 해당되는 단어와 관련된 **그림을 선으로 연결**하세요.

⑥

⑦

⑧

⑨

⑩

Unit 3 Write words

※ 위에 있는 영어단어를 보고 **3회씩** 따라 써보세요.

① 

KING	king

② 

LION	lion

③ 

MILK	milk

④ 

NURSE	nurse

⑤ 

ORANGE	orange

Unit 3 Write words

※ 위에 있는 영어단어를 보고 **3회씩** 따라 써보세요.

① 

KEY	key

② 

LEMON	lemon

③ 

MONKEY	monkey

④ 

NOSE	nose

⑤ 

ONION	onion

Unit 3 Listen and match 2

※ 발음을 **듣고** 해당되는 단어를 **선으로 연결**하세요.

①	lion
②	milk
③	nurse
④	pig
⑤	orange

Unit 3 Listen and match 2

※ 발음을 **듣고** 해당되는 단어를 **선으로 연결**하세요.

⑥ ● ● lemon

⑦ ● ● pencil

⑧ ● ● nose

⑨ ● ● monkey

⑩ ● ● onion

Unit 3 Play the ladder game

※ 사다리를 타고 국어 →그림이미지→영어단어를 차례로 찾아가 보세요.

Unit 3 Play the ladder game

※ 사다리를 타고 국어 →그림이미지→영어단어를 차례로 찾아가 보세요.

Unit 3 Match words

※ 국어 의미에 맞는 영어단어를 **선으로 연결**하세요.

⑥	레 몬	monkey	
⑦	원숭이	lemon	
⑧	코	pencil	
⑨	양 파	nose	
⑩	연 필	onion	

Unit 3 Listen and circle 2

※ 발음을 **듣고** 가장 적합한 의미의 그림에 **동그라미**를 하세요.

	A	B	C
①			
②			
③			

Unit 3 Listen and circle 2

※ 발음을 **듣고** 가장 적합한 의미의 그림에 **동그라미**를 하세요.

④

A 

B 

C 

⑤

A 

B 

C 

⑥

A 

B 

C 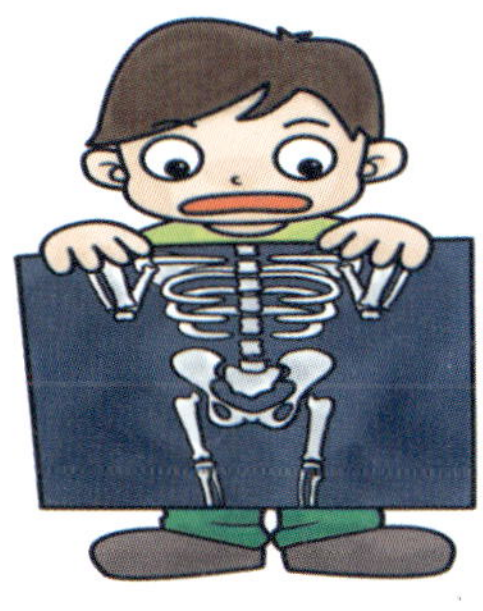

Unit 3 Listen and circle 2

※ 발음을 **듣고** 가장 적합한 의미의 그림에 **동그라미**를 하세요.

⑦

A 

B 

C 

⑧

A 

B 

C 

⑨

A 

B 

C 

Unit 3 Listen and circle 3

※ **문장을** **듣고** 해당되는 단어에 적합한 그림에 **동그라미**를 하세요.

① My sister is a

a 

b 

.

② This is your

a 

b 

.

③ I like a

a 

b 

.

Unit 3 Listen and circle 3

※ **문장을 듣고** 해당되는 단어에 적합한 그림에 **동그라미**를 하세요.

④ I drink a cup of

a

b

everyday.

⑤ It is a

a

b

.

⑥ I don't like an

a

b

.

Unit 4 Write the alphabet 1

※ 알파벳 순서에 맞게 빈칸에 들어갈 알파벳 대문자를 쓰세요.

① A _ C D

② _ F G H

③ I J K _

④ M N _ P

Unit 4 Write the alphabet 1

※ 알파벳 순서에 맞게 빈칸에 들어갈 알파벳 소문자를 쓰세요.

① ☐ b c d

② e ☐ g h

③ i ☐ k l

④ m n o ☐

Unit 4 Listen and circle 1

※ 음가를 듣고 해당되는 알파벳 대문자에 동그라미를 하세요.

①

②

③
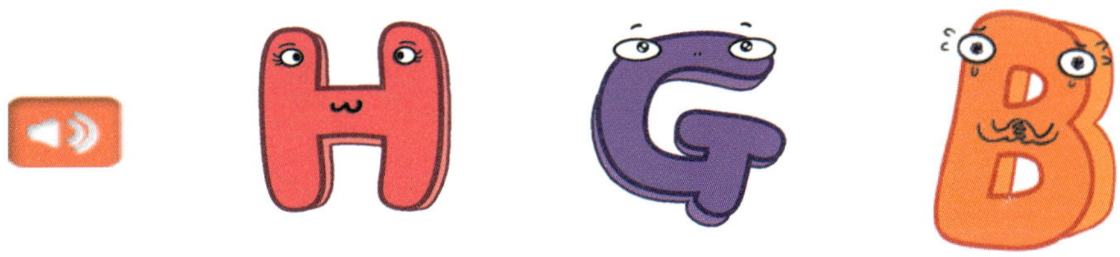

④

⑤

Unit 4 Listen and circle 1

※ **음가를 듣고** 해당되는 알파벳 대문자에 **동그라미**를 하세요.

⑥

⑦

⑧

⑨

⑩

Unit 4 Listen and repeat

※ **듣고** 단어의 **첫글자**에 주의하면서 큰 소리로 따라 읽으세요

①

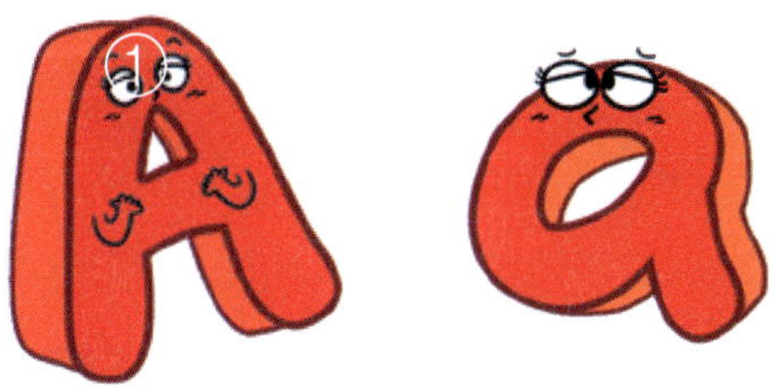

APPLE ant

②

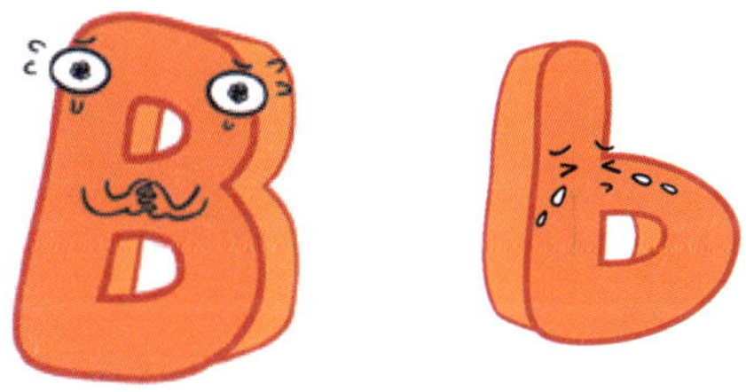

BEAR ball

③

CUP cap

Unit 4 Listen and repeat

※ 듣고 단어의 첫글자에 주의하면서 큰 소리로 따라 읽으세요

④

DOLL drum

⑤

EAR eat

⑥

FIVE flowers

Unit 4　Listen and repeat

※ **듣고** 단어의 **첫글자**에 주의하면서 큰 소리로 따라 읽으세요

⑦

GIRL　grape

⑧

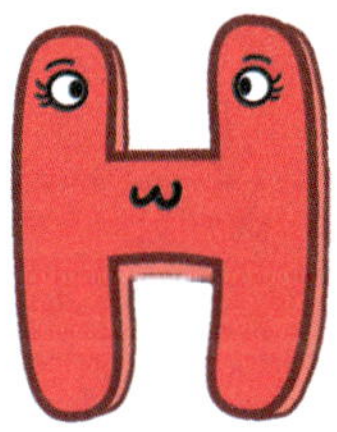
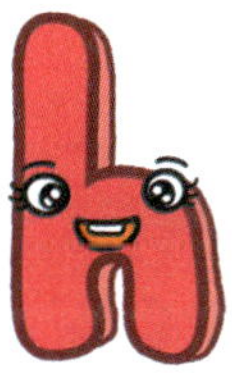

HORSE　hand

⑨

ICE CREAM　ice

Unit 4 Listen and repeat

※ **듣고** 단어의 **첫글자**에 주의하면서 큰 소리로 따라 읽으세요

⑩

 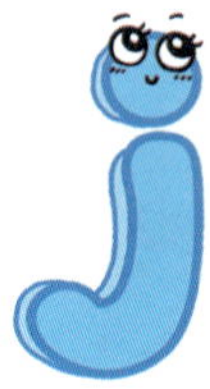

JUICE

jacket

⑪

KING

key

⑫

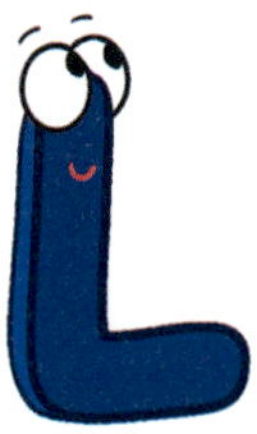 

LION

lemon

Unit 4 Listen and repeat

※ 듣고 단어의 첫글자에 주의하면서 큰 소리로 따라 읽으세요

⑬

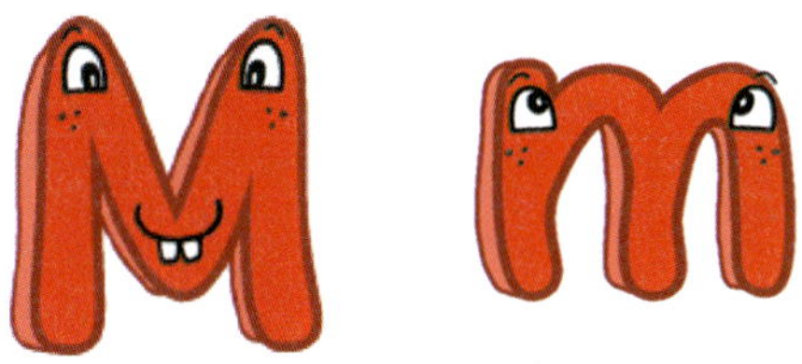

MONKEY meat

⑭

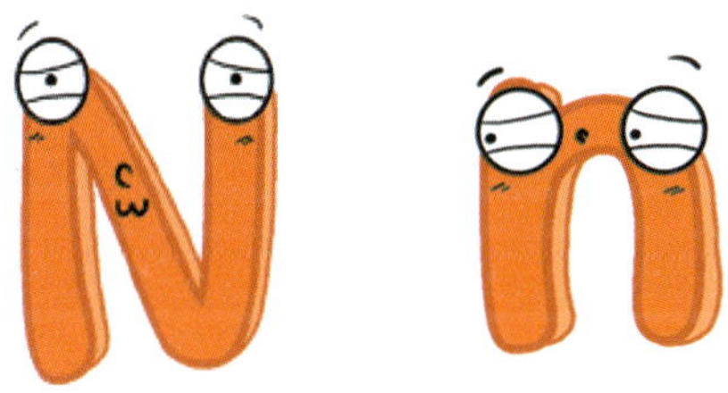

NURSE nine

⑮

ONION orange

Unit 4 Write the alphabet 2

※ 네모 안에 **공통**으로 들어갈 알파벳을 **보기**에서 찾아 괄호 안에 **쓰세요**.

☐ irplane ☐ nt

① (　　　　)

☐ ar ☐ up

② (　　　　)

[보기]

a b c
d e

☐ ike ☐ all

③ (　　　　)

☐ rum ☐ octor

④ (　　　　)

☐ at ☐ gg

⑤ (　　　　)

Unit 4 Write the alphabet 2

※ 네모 안에 **공통**으로 들어갈 알파벳을 **보기**에서 찾아 괄호 안에 **쓰세요**.

☐ive ☐lowers

⑥ (　　　　)

☐ome ☐ot

⑦ (　　　　)

[보기]

f g h
i j

☐irl ☐rape

⑧ (　　　　)

☐ce cream ☐ce

⑨ (　　　　)

☐uice ☐acket

⑩ (　　　　)

Unit 4 Write the alphabet 2

※ 네모 안에 **공통**으로 들어갈 알파벳을 **보기**에서 찾아 괄호 안에 **쓰세요**.

□ ing　　□ ey

⑪ (　　　　)

□ ion　　□ emon

⑫ (　　　　)

[보기]

k l m

n o

□ ose　　□ ine

⑬ (　　　　)

□ other　　□ eat

⑭ (　　　　)

□ K　　□ nion

⑮ (　　　　)

Unit 4 Listen and circle 2

※ 발음을 **듣고** 가장 적합한 의미의 그림에 **동그라미**를 하세요.

①

A

(B)

C

②

A

B
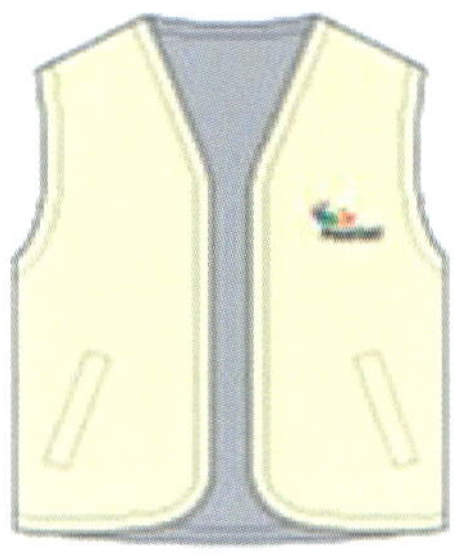

C

③

A

B

C

Unit 4 Listen and circle 2

※ 발음을 **듣고** 가장 적합한 의미의 그림에 **동그라미**를 하세요.

		A	B	C
④				
⑤				
⑥				

Unit 4 Listen and circle 2

※ 발음을 **듣고** 가장 적합한 의미의 그림에 **동그라미**를 하세요.

④

A

B

C

⑤

A

B

C

⑥

A

B

C

Unit 4 Listen and match

※ 발음을 **듣고** 해당되는 단어와 관련된 **그림을 선으로 연결**하세요.

①	lion
②	milk
③	nurse
④	pig
⑤	orange

Unit 4 Listen and match

※ 발음을 듣고 해당되는 단어와 관련된 그림을 선으로 연결하세요.

⑥ • • lemon

⑦ • • nose

⑧ • • monkey

⑨ • • pencil

⑩ • • onion

Unit 4 Match words

※ 국어 의미에 맞는 영어단어를 **선으로 연결**하세요.

①	우 유 •	• lion	
②	사 자 •	• nurse	
③	간호사 •	• milk	
④	오렌지 •	• pig	
⑤	돼 지 •	• orange	

Unit 4 Match words

※ 국어 의미에 맞는 영어단어를 **선으로 연결**하세요.

⑥	원숭이	lemon	
⑦.	레 몬	pencil	
⑧	코	monkey	
⑨	연 필	nose	
⑩	양 파	onion	

Unit 4 Write the alphabet 3

※ **빈칸**에 들어갈 알파벳을 **보기**에서 **찾아** 쓰세요.

①

☐ ION

②

☐ RANGE

③

☐ IG

Unit 4 Write the alphabet 3

※ 빈칸에 들어갈 알파벳을 보기에서 찾아 쓰세요.

①

☐ ose

②

☐ encil

③

☐ ilk

보 기

Unit 4 Let's learn

※ 질문과 답변을 그림을 보면서 익히세요.

What's this?

It's a lion.

Unit 4 Let's learn

What's this?

It's a pig.

What's this?

It's a pencil.

Unit 4 Let's learn

What's this?

It's an onion.

What's this?

It's a monkey.

절취선

A

a

APPLE

길맥 01-01

a

A

apple

길맥 01-02

apple

a / A

길맥 01-03

B

b

BALL

길맥 01-04

b

B

ball

길맥 01-05

ball

b / B

길맥 01-06

C

c

CAP

길맥 01-07

c

C

cap

길맥 01-08

cap

c / C

길맥 01-09

D

d

DRUM

길맥 01-10

d

D

drum

길맥 01-11

drum

d / D

길맥 01-12

E

e

EAR

길맥 01-13

e

E

ear

길맥 01-14

ear

e / E

길맥 01-15

F

f

FIVE

길맥 01-16

f

F

five

길맥 01-17

five

f / F

길맥 01-18

(주)길에듀월드
(주)길에듀월드
(주)길에듀월드
(주)길에듀월드
(주)길에듀월드
(주)길에듀월드
(주)길에듀월드
(주)길에듀월드

절취선

G

g

GAME

길맥 01-19

g

G

game

길맥 01-20

game

g / G

길맥 01-21

H

h

HOT

길맥 01-22

h

H

hot

길맥 01-23

hot

h / H

길맥 01-24

I

i

ICE

길맥 01-25

i

I

ice

길맥 01-26

ice

i / I

길맥 01-27

(주)길에듀월드 (주)길에듀월드
(주)길에듀월드 (주)길에듀월드 (주)길에듀월드
(주)길에듀월드 (주)길에듀월드 (주)길에듀월드

절취선

J

j

JACKET

길맥 01-28

j

J

jacket

길맥 01-29

jacket

j / J

길맥 01-30

K

k

KING

길맥 01-31

k

K

king

길맥 01-32

king

k / K

길맥 01-33

L

l

LION

길맥 01-34

l

L

lion

길맥 01-35

Lion

l / L

길맥 01-36

절취선

M

m

MILK

길맥 01-37

m

M

milk

길맥 01-38

milk

m / M

길맥 01-39

N

n

NURSE

길맥 01-40

n

N

nurse

길맥 01-41

nurse

n / N

길맥 01-42

O

o

ONION

길맥 01-43

o

O

onion

길맥 01-44

onion

o / O

길맥 01-45

(주)길에듀월드 (주)길에듀월드
(주)길에듀월드 (주)길에듀월드 (주)길에듀월드
(주)길에듀월드 (주)길에듀월드 (주)길에듀월드

절취선

P

p

PENCIL

길맥 01-46

p

P

pencil

길맥 01-47

pencil

p / P

길맥 01-48

Q

q

QUEEN

길맥 01-49

q

Q

queen

길맥 01-50

queen

q / Q

길맥 01-51

R

r

ROSE

길맥 01-52

r

R

rose

길맥 01-53

rose

r / R

길맥 01-54

절취선

S

s

SISTER

길맥 01-55

s

S

sister

길맥 01-56

sister

s / S

길맥 01-57

T

t

TRAIN

길맥 01-58

t

T

train

길맥 01-59

train

t / T

길맥 01-60

U

u

UMBRELLA

길맥 01-61

u

U

umbrella

길맥 01-62

umbrella

u / U

길맥 01-63

절취선

V

v

VASE

길맥 01-64

v

V

vase

길맥 01-65

vase

v / V

길맥 01-66

W

w

WATCH

길맥 01-67

w

W

watch

길맥 01-68

watch

w / W

길맥 01-69

X

x

XMAS

길맥 01-70

x

X

Xmas

길맥 01-71

Xmas

x / X

길맥 01-72

절취선

Y

y

YELLOW

길맥 01-73

y

Y

yellow

길맥 01-74

yellow

y / Y

길맥 01-75

Z

z

ZOO

길맥 01-76

z

Z

zoo

길맥 01-77

Zoo

z / Z

길맥 01-78

Bringing Two Cards

카드뭉치에서 **2장**의 카드를
연속해서 **뜰 수 있는** 카드

길맥 01-79

Skipping Chance

다른 플레이어 중 1명을
지정하여 카드를 뜰 수 있는
기회를 박탈하는 카드

길맥 01-80

All-in-One

모든 것으로
사용할 수 있는 카드

길맥 01-81

■ 손 길 연 (문학박사 · 청주대 겸임교수 · 영어교수법 개발 전문가)

오랫동안 여러 대학교와 공무원 학원에서 다양한 영어를 가르쳐왔습니다. 그동안 학생들을 가르치면서 "어렵고 지루한 영어를 쉽고 재미있는 놀이"처럼 배울 수 없을까? 늘 고민하고 연구한 끝에 이 문제를 해결할 수 있는 가장 좋은 교육 방안으로 '놀잇감'에 '학습'을 접목한 영어 콘텐츠를 개발하게 되었습니다.
OSMU(One Source Multi Use)방식에 바탕을 둔 콘텐츠의 연계성을 갖고 레벨별로 교재+교구+게임을 개발하게 되었습니다. '영어공부'라는 말에 거부감과 두려움을 갖는 학습자에게 오락성과 학습성을 동시에 충족시켜 '놀이를 통한 재미와 자신감'이 영어학습으로 고스란히 연계될 수 있는 신개념 특허받은 영어학습법을 창안했습니다. 오늘도 학생들을 가르치면서 참신하고 재미있는 학습교구 및 게임 개발과 쉽게 배울 수 있는 교재 집필에 매진하고 있습니다.

■ **저서** : 『마법의 영문법』, 『나홀로 영문법』, 『길맥 알파벳 6권 시리즈』, 『맥퍼즐 1, 2』 외 다수

■ **지적재산권** : 국내특허 등록 6건, 국제특허 2건 출원, 디자인 등록 8건, 영어학습게임 프로그램 등록 9건

■ **영어교구 개발** : 「알파벳 자석 맥퍼즐」, 「영어문장 자석 퍼즐리쉬 9종 세트」
「특허받은 영어 단어·문장·문법 카드 3종 시리즈」 외 다수

■ **영어학습게임 개발** : 「특허 받은 길맥 영어문장 유형 익히기 게임」
「특허 받은 퍼즐리쉬 영어단어 끝말잇기 게임」, 「특허 받은 퍼즐리쉬 영어문장 카드 게임」 외 다수

■ **언론 보도** : KBS 1, MBN, 서울경제TV, 매일경제신문, 한겨레신문, 연합뉴스, 충청투데이 등

『특허받은 길맥파닉스 ①』

손길연 저

펴낸날 | 2020년 1월 3일
펴낸곳 | (주)길에듀월드
청주시 청원구 공항로150번길 98 현영빌딩
전화 : 043-217-4507, 070-7836-3388
팩스 : 043-217-4506
www puzzlish. net

값 18,000원

ISBN 978-89-97220-19-9
ISBN 978-89-97220-18-2(세트)
※ 『특허받은 길맥파닉스』 ①~④ 세트는 별도 구매 가능